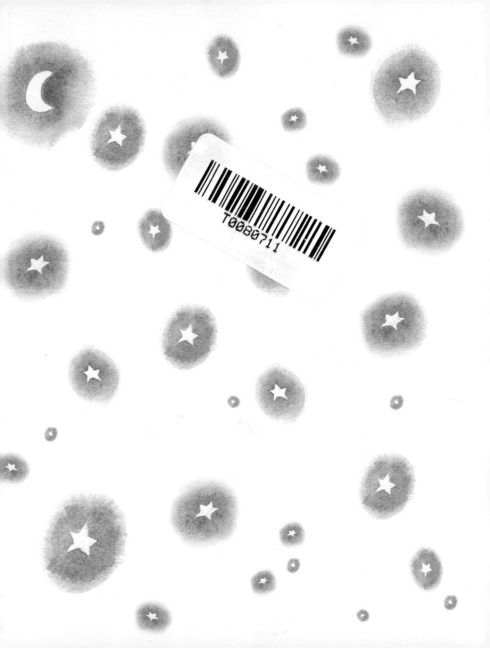

© 2014 por Grupo Nelson
Publicado en Nashville, Tennessee, Estados Unidos de América.
Grupo Nelson, Inc. es una subsidiaria que pertenece completamente
a Thomas Nelson, Inc.
Grupo Nelson es una marca de Thomas Nelson, Inc.
www.gruponelson.com

Título en inglés: *A Child's Bible*
© 2005 por Anno Domini Publishing Services Ltd,
1 Churchgates, The Wilderness, Berkhamsted, Herts HP42UB
Texto © 2005 AD Publishing Ltd, Sally Ann Wright
Ilustraciones © 2005 Honor Ayres
Directora editorial: *Annette Reynolds*
Director artístico: *Gerald Rogers*
Pre=producción: *Krystyna Hewitt*
Producción: *John Laister*

Editora en Jefe: *Graciela Lelli*
Traducción y tipografía
de la versión en español: *Grupo Nivel Uno, Inc.*

ISBN-13: 978 - 0 - 71801 - 139 - 0

Impreso en Singapur
Printed in China

ESTE LIBRO PERTENECE A...

_____

REGALADO EN OCASIÓN DE...

_____

_____

_____

CON CARIÑO DE...

_____

FECHA

_____

BIBLIA
para niños

Sally Ann Wright
y Honor Ayres

GRUPO NELSON
Una división de Thomas Nelson Publishers
Desde 1798

NASHVILLE DALLAS MÉXICO DF. RÍO DE JANEIRO

Contenido

Cuando el mundo comenzó 10

La serpiente que habló en susurros 13

El zoológico flotante de Noé 16

Abraham se muda 18

Un bebé llamado «risa» 20

Jacob le hace trampa a su hermano 22

José, el hijo favorito 26

Una familia muy feliz 28

Miriam y la princesa 30

Moscas, úlceras y langostas 32

Escape de Egipto 36

Diez reglas para la vida 38

Las murallas de Jericó 40

La oración de Gedeón 42

El muchacho que escuchó a Dios 46

David lucha contra un gigante 48

La canción del pastor 51

El regalo especial de Salomón 52

Dios cuida a Elías 55

La pequeña sirvienta 58

El único Dios verdadero 61

El foso de los leones 64

Jonás se escapa 66

Un bebé nacido en Belén 70

Regalos para el rey bebé 72

Juan bautiza a Jesús 74

Jesús encuentra amigos especiales 76

La bendición de Dios 78

La oración que Jesús enseñó
a sus amigos 79

El agujero en el techo 80

La tormenta en el lago 82

Jesús sana a una niña 84

Pan y pescados 86

Un verdadero amigo 88

La historia de la oveja perdida 91

La historia del padre amoroso 93

El hombre que dio las gracias 96

El hombre que no podía ver 98

Un hombre muy pequeño 101

Jesús monta en una burra 104

La mujer que dio todo 106

Ámense los unos a los otros 108

Los soldados en el huerto 110

Jesús muere en la cruz 112

María llora por Jesús 114

¡Jesús está vivo! 116

Desayuno en el lago 118

Jesús envía a su ayudante 121

Pedro habla de Jesús 122

El hombre en el portal 124

La muerte de Esteban 126

La luz cegadora 128

Saulo viaja en una canasta . . . 130

Pedro y el ángel 132

El Dios desconocido 134

El naufragio de Pablo . . . 136

Amor verdadero 138

Cuando el mundo comenzó

Antes de que alguna cosa hubiera sido creada, Dios estaba allí, en las tinieblas.

Dios hizo que la luz brillara en la oscuridad, y vio que eso era bueno.

Dios le dio forma a la tierra, y entonces hubo montañas con sus picos nevados y profundos mares azules.

Dios cubrió la tierra con plantas llenas de flores y árboles cargados de frutas.

Dios hizo al ardiente sol para que iluminara el día, y a la luna plateada y a las estrellas para que iluminaran el cielo de la noche.

Dios llenó el mar con coloridas criaturas, grandes y pequeñas; y el aire con abejas zumbadoras y aves cantoras de brillantes colores.

Dios llenó la tierra de pesados elefantes y jirafas de cuellos largos, grandes felinos con vistosos pelajes, y rinocerontes, antílopes, ciervos, conejos, y diminutos ratones.

Dios hizo al primer hombre y a la primera mujer. Se llamaron Adán y Eva. Dios hablaba con Adán y Eva y ellos hablaban con Él. Dios quería que disfrutaran su mundo y que fueran sus amigos.

Dios vio que el mundo que había hecho era hermoso. Entonces, Dios descansó.

La serpiente que habló
en susurros

Dios hizo un jardín para Adán y Eva y les
pidió que cuidaran a todos los
animales. Les dijo que podían
comer todo lo que quisieran,
menos las frutas de un solo
árbol.

Pero vino la serpiente y
le susurró a Eva. Le mostró lo buena que parecía
la fruta de ese árbol. De pronto, parecía que era
mejor que cualquiera de las otras frutas que Dios
les había dado.

Eva le dio un gran mordisco y luego la
compartió con Adán.

Adán y Eva se miraron. Se sintieron culpables.
Se dieron cuenta de que habían hecho la única cosa
que Dios les había dicho que no debían hacer. Lo
habían estropeado todo.

Ahora eran infelices. Y Dios también estaba triste.
No podían vivir más en el jardín que Dios había hecho
para ellos. Ya no podrían ser sus amigos especiales.

El zoológico flotante de Noé

El hermoso mundo de Dios se había
estropeado. Los hombres que Dios había
creado no podían vivir juntos con felicidad. No
compartían. No eran amables los unos con los otros. Eran
egoístas y ambiciosos. Solo se preocupaban por ellos mismos.

Comenzaron a pelear y a lastimarse entre ellos. Tomaban
las cosas que pertenecían a otras personas. Se olvidaron de
Dios y de cómo amar e interesarse por los demás.

Dios estaba triste. Pero había un hombre que era
bueno. Noé todavía amaba a Dios. Trataba de amar a
las otras personas y quería a su familia y al mundo que
Dios había hecho.

Dios le dijo a Noé que construyera un arca.
Un gran barco que flotaría sobre las
aguas.

Noé llenó el arca con aves y animales de todo tipo. Pronto habría una gran lluvia, y la lluvia se convertiría en una inundación que limpiaría otra vez toda la tierra.

Cuando Noé, su familia y todos los animales estuvieron a salvo dentro del arca, la lluvia comenzó a caer. Llovió, llovió y llovió.

Los ríos se desbordaron y los mares inundaron la tierra. Pero el arca de Noé flotó sobre las aguas.

Cuando dejó de llover y por fin apareció otra vez la tierra seca, Dios le dijo a Noé y a los animales que ya podían salir del arca. Un brillante arco iris surcó el cielo.

Noé agradeció a Dios por mantenerlos a salvo. Y Dios prometió que nunca más habría otra inundación como esa.

Abraham se muda

Muchos años después de Noé, Dios eligió a un hombre llamado Abraham para que fuera su amigo.

Dios le dijo a Abraham que dejara su casa y llevara a su familia a una nueva tierra. Dios le prometió a Abraham que le daría un nuevo hogar en un hermoso país, una gran familia y todo lo que pudiera desear.

Abraham escuchó. No sabía adónde iba. No sabía cuánto duraría su viaje. Pero Abraham confiaba en Dios. Él y su esposa Sara empacaron sus cosas, tomaron a sus sirvientes, a sus camellos, a sus ovejas y a sus cabras y comenzaron su viaje, acampando en tiendas a lo largo del camino.

Cuando llegaron a la tierra de Canaán, Dios les dijo que ese era su nuevo hogar. Y era tan hermoso como Dios les había prometido.

Un bebé llamado «risa»

Abraham y Sara eran felices en Canaán. Pero les faltaba algo. Dios les había prometido una gran familia. Sus cabras tenían cabritos. Sus ovejas tenían corderitos. Sus camellos tenían camellitos. Pero ellos todavía no tenían hijos.

Abraham miró las estrellas en el cielo de la noche.

«No te preocupes» escuchó decir a Dios. «Tendrás hijos. Un día tu familia será tan numerosa como las estrellas que ves en el cielo».

Pasaron las semanas. Pasaron los meses. Pasaron los años.

Abraham y Sara pensaron que ya eran muy ancianos para tener hijos.

Pero Abraham todavía confiaba en Dios. Y entonces Sara tuvo un hermoso bebé. Estaban tan felices que llamaron al bebé Isaac, que quiere decir «risa».

Abraham volvió a mirar a las estrellas y sonrió. Dios había cumplido su promesa.

Jacob le hace trampa a su hermano

Los nietos de Abraham, Esaú y Jacob, eran mellizos.

Esaú había nacido primero. Era el favorito de su padre, Isaac. Jacob había nacido segundo. Era el favorito de su madre, Rebeca.

Cuando Isaac se hizo anciano, pensó que había llegado el momento de bendecir a su hijo mayor antes de morir.

Le pidió a Esaú que fuera a cazar y le preparara una comida muy sabrosa.

Pero Rebeca quería que Jacob tuviera la bendición. Eso significaría que Jacob sería el jefe de la familia cuando Isaac muriera.

Rebeca vistió a Jacob con las ropas de Esaú, y le cubrió los brazos y el cuello con pieles de animales para que parecieran peludos como los de su hermano.

Entonces, ella preparó una comida muy sabrosa para Isaac.

Jacob fue a ver a su padre con la comida. Los ojos de Isaac eran débiles y no podía ver bien a su hijo, pero sintió el vello de la piel y cuando preguntó quién era, Jacob le mintió a su padre. Entonces, Isaac creyó que Jacob era Esaú. Isaac le dio a Jacob su bendición especial en lugar de dársela a su hijo mayor.

24

Más tarde, cuando Esaú llegó a casa, fue a ver
a su padre para que le diera la bendición. Entonces
Isaac se dio cuenta de su equivocación, y Esaú salió a
buscar a su hermano menor que había hecho el engaño. Esaú
estaba tan enojado que Jacob tenía miedo de lo que pudiera
hacer.

Su madre le aconsejó que huyera y que permaneciera en
la casa de su tío Labán. Entonces, Jacob huyó y vivió en la
casa de su tío hasta que su padre murió. Mientras Jacob
vivía ahí se enamoró de la hija menor de Labán,
Raquel, y se casó con ella.

José, el hijo favorito

Jacob amaba mucho a su esposa Raquel. Pero también tenía otras tres esposas, y una gran familia de doce hijos y una hija. Su hijo favorito era José.

Cuando José tenía diecisiete años, Jacob le regaló una hermosa túnica de brillantes colores. Esto hizo que los hermanos de José se pusieran celosos. Deseaban que Jacob los amara mucho más.

Entonces, un día encontraron la manera de deshacerse de José. Cuando estaba en el campo cuidando las ovejas de su padre, lo vendieron a unos comerciantes que iban hacia Egipto.

Como si esto no fuera suficiente, tomaron la hermosa túnica y la empaparon en sangre de cabra. Después, fueron a ver a su padre fingiendo estar muy tristes. Le mostraron la túnica y la sangre; y el pobre Jacob creyó que a su hijo favorito lo había matado un animal salvaje.

Pero Dios tenía planes para José.

Una familia muy feliz

Dios cuidó a José mientras estaba en Egipto.

Cuando el rey tuvo sueños extraños que lo mantuvieron despierto durante toda la noche, llamaron a José para que lo ayudara a entender su significado. Por medio de esos sueños

Dios le mostró a José qué podía hacer para ayudarse a sí mismo y a todas las personas de Egipto.

Habría siete años de buenas cosechas y gran cantidad de comida para todos. Pero luego vendrían siete años en que nadie tendría suficiente para comer. El rey quiso que José estuviera a cargo para que la comida fuese guardada y compartida para que nadie pasara hambre.

Lo hizo tan bien que los hermanos de José que estaban en Canaán fueron a Egipto a comprar comida.

¡Qué sorpresa se llevaron cuando se dieron cuenta de que su pequeño hermano estaba ahí para ayudarlos!

Jacob se puso muy contento al ver que su hijo todavía estaba vivo, y entonces toda la familia fue a vivir a la tierra de Egipto.

Miriam y la princesa

Hubo un rey, y luego otro, y otro más. Y así pronto los egipcios se olvidaron de cuánto los había ayudado José.

El pueblo de Dios fue convertido en esclavo. Tenían que trabajar mucho para el rey. Y cuando nacían hijos varones venían los soldados y se los sacaban a sus madres. Cuando el hijo de Jocabed nació, decidió esconderlo.

Al principio fue fácil, pero pronto el bebé comenzó a hacer demasiado ruido. Entonces Jocabed tuvo un plan muy inteligente.

Puso a su bebé en una canasta que pudiera flotar en el agua y la escondió entre los juncos en la orilla del río Nilo. Le pidió a la hermana del bebé que vigilara y esperara.

Una princesa egipcia fue al río y vio la canasta. En cuanto vio al bebé que estaba adentro, supo que quería quedárselo.

«Lo llamaré Moisés» dijo.

¡Miriam estaba encantada! Le dijo a la princesa que
conocía a una mujer que podría cuidar del bebé hasta que
tuviera edad para vivir en el palacio.

¡Y Miriam fue a buscar a su mamá!

Moscas, úlceras y langostas

Cuando Moisés creció y se convirtió en un hombre, Dios le habló en el desierto desde un arbusto en llamas.

«Ve a ver al rey de Egipto» dijo Dios.

«¡Dile que debe permitir que mi pueblo se vaya!».

Moisés tenía miedo. ¡No quería ir a ver al rey!

Entonces, Dios le dijo que llevara a su hermano Aarón con él para que lo ayudara.

Moisés fue con Aarón a darle el mensaje de Dios al rey. Pero el rey estaba enojado. No permitiría que el pueblo se fuera. ¡En lugar de eso les dijo a los encargados de los esclavos que los hicieran trabajar aun más!

Entonces Dios le envió al pueblo de Egipto diez terribles plagas.

Primero, las aguas del río Nilo se volvieron tan rojas como la sangre. Luego aparecieron las ranas y había ranas por todos lados, en las casas, ¡en la comida y en las camas! Luego el aire se llenó de mosquitos que picaban sin cesar

y luego de moscas que no dejaban de zumbar. Todos los
caballos, los burros y los camellos, y el ganado, las ovejas
y las cabras se enfermaron y murieron. Luego las personas
se cubrieron de úlceras feas y negras, tantas que no podían
mantenerse de pie. Y hubo una terrible tormenta de
granizo que destruyó todos los cultivos nuevos e hizo
que cayeran las hojas de los árboles. Después vinieron las
langostas que se comieron todo lo que había quedado.
Entonces la tierra quedó inmóvil y una densa oscuridad la
cubrió por tres días.

Dios mantuvo a su pueblo a salvo durante ese tiempo. Y cada vez que ocurría una plaga, el rey de Egipto accedía a permitir que el pueblo de Dios se marchara. Pero tan pronto como la plaga terminaba, el rey cambiaba de opinión.

Por último, la décima y más terrible de las plagas cayó sobre Egipto. Dios le dijo a Moisés que preparara a su gente para partir. Pusieron una señal especial en sus puertas, y comieron la última comida de cordero asado con hierbas, ya con sus bolsas preparadas, y sus capas y zapatos puestos.

Esa noche todos los hijos que habían nacido primero, tanto los hijos de los animales, como los primeros hijos varones de los egipcios, murieron y también murió el hijo del rey.

El rey de Egipto mandó a buscar a Moisés.

«Toma a tu pueblo y vete» gritó.

Escape de Egipto

Los israelitas tomaron sus ovejas y sus cabras y se fueron lo más rápido que pudieron. Pero no habían llegado muy lejos cuando el rey volvió a cambiar de opinión.

«Tráiganlos de regreso», gritó.

Los israelitas se detuvieron con el Mar Rojo delante de ellos y los carros de los egipcios por detrás. Estaban atrapados.

«No tengan miedo» dijo Moisés. «Dios nos ha traído hasta aquí. Él nos cuidará ahora».

Moisés extendió su mano sobre el agua. Un fuerte viento sopló y formó un camino para que pudieran cruzar hasta la otra orilla.

Cuando los egipcios trataron de seguirlos, Moisés volvió a extender su mano. Las aguas regresaron y los carros se quedaron atascados en el barro. ¡Dios había salvado a su pueblo!

Diez reglas para la vida

Dios cuidó a su pueblo mientras deambulaban por el desierto.
También le dio a Moisés las reglas para que su pueblo pudiera
vivir de la manera que Él quería que lo hicieran.

Yo soy el Señor tu Dios.
Yo te saqué de Egipto, del país donde eras esclavo.
No le hables a otros dioses que no sea yo.
No ores a estatuas o pinturas, ni a nada del cielo,
ni de la tierra, ni de las aguas, en lugar de orarme a mí.
Piensa cómo usas mi nombre,

no jures ni digas mi nombre a la ligera.

Recuerda que te di el día de descanso

y mantenlo como un día especial.

Ama a tu padre y a tu madre

y escucha lo que ellos te dicen.

No mates.

Sé fiel a tu esposo o esposa.

No digas mentiras acerca de otras personas.

No desees las cosas que pertenecen

a otras personas.

Las murallas de Jericó

Moisés murió después de pasar muchos años en el desierto, y Dios le pidió a Josué que llevara a su pueblo a Canaán, la hermosa tierra que les había prometido.

Pero primero debían pasar las fuertes y altas murallas de la ciudad de Jericó. La gente que vivía ahí era violenta y poco amistosa, y no había un camino a través de la ciudad.

Josué escuchó y Dios le dijo lo que debía hacer.

Durante seis días el pueblo debía marchar alrededor de la muralla, detrás de los sacerdotes que llevaban una caja muy especial adonde tenían las leyes de Dios. Los sacerdotes tocaban muy fuerte las trompetas, y la gente adentro de la ciudad de Jericó miraba asombrada.

El séptimo día no marcharon alrededor de la ciudad ni una ni dos veces, ¡lo hicieron siete veces! Entonces los sacerdotes tocaron sus trompetas… y todos gritaron… ¡y las murallas de Jericó cayeron derribadas al suelo!

La oración de Gedeón

No hacía mucho tiempo que el pueblo de Dios vivía en la tierra de Canaán cuando comenzó a adorar a los dioses de la gente de ese lugar. Olvidaron cuánto los había ayudado Dios en el pasado y no siguieron sus reglas.

Entonces el ejército madianita comenzó a atacarlos.

Llegaron en camellos, robaron todos sus cultivos y dejaron la tierra vacía. Después de soportar esto durante siete años, el pueblo de Dios tenía mucha hambre y lloró ante él pidiéndole ayuda.

Dios respondió a sus oraciones.

Dios le envió un ángel a Gedeón y le dijo que él rescataría a su pueblo de los madianitas.

Ahora Gedeón estaba asustado. Es que él no era un soldado valiente. Ni siquiera era un hombre valiente. Cuando se le apareció el ángel estaba escondido en el lugar donde hacían el vino, trillando el poco trigo que había podido recuperar de los madianitas.

Pero Gedeón escuchó a Dios.

En primer lugar, derribó el altar del falso dios, Baal, y construyó un altar al Dios de su pueblo. Luego, cuando los madianitas comenzaron a prepararse para atacar, Gedeón reunió a su gente para la lucha. Pero antes de enfrentarse a la batalla, Gedeón oró.

Esa noche tendió sobre el suelo un vellón de lana. A la mañana siguiente, el vellón estaba húmedo de rocío, pero la tierra a su alrededor estaba seca. Entonces Gedeón volvió a orar.

A la noche siguiente, volvió a extender el vellón sobre el suelo. A la mañana siguiente, el vellón estaba seco mientras la tierra estaba mojada de rocío.

Gedeón le había pedido a Dios que le demostrara que estaba con su pueblo y que no permitiría que perdieran la batalla. Le había

pedido a Dios que la primera noche el vellón estuviera mojado y que la segunda noche estuviera seco aunque la tierra a su alrededor estuviera mojada.

Dios había respondido a la oración de Gedeón. Ahora Gedeón estaba preparado para hacer cualquier cosa que Dios le pidiera.

Entonces, a la noche, Gedeón fue al campamento madianita tal como Dios le había dicho, solo con trescientos soldados. ¡Y Dios le dio la victoria!

El muchacho que escuchó a Dios

Hacía mucho tiempo que Ana deseaba tener un hijo. Por eso cuando nació su bebé Samuel, estaba tan contenta que prometió que el niño serviría a Dios toda su vida. Y así fue que, cuando Samuel fue mayorcito fue a aprender cómo servir a Dios, a la casa del sacerdote Elí.

Una noche, cuando Samuel estaba durmiendo oyó que alguien decía su nombre.

Samuel se levantó de un salto y fue a la habitación de Elí.

«Aquí estoy» dijo. «¿Me llamaste?».

«No» dijo Elí. «Vuelve a dormir».

Samuel se acostó y trató de volver a dormirse.

Y otra vez escuchó que decían su nombre y otra vez fue a verlo a Elí.

«Regresa a dormir» dijo Elí. «Yo no te llamé».

Entonces, Samuel escuchó la voz por tercera vez y otra vez fue a donde estaba Elí. Esta vez Elí supo quién lo estaba llamando.

«Dios quiere hablar contigo» le dijo. «Si vuelves a oírlo debes decir: "Háblame Señor, te escucho"».

Y así respondió Samuel cuando Dios volvió a hablarle,
y escuchó lo que le dijo.

Samuel llegó a ser un líder muy sabio, y ayudó al pueblo de
Dios a obedecerle.

David lucha contra un gigante

David era el hijo menor de su padre. Cuidaba las ovejas,
y las protegía de los leones y de los osos.

Un día, David fue a visitar a sus hermanos que eran
soldados del ejército del rey Saúl.

Todos los días, Goliat, el campeón de los filisteos
se burlaba de los soldados del rey Saúl preguntando:
«¿Quién se atreverá a luchar contra mí?».

Nadie se atrevía.

Ninguno daba un paso al frente.

Goliat era un gigante y todos le tenían miedo. Todos excepto David.

David era demasiado pequeño para usar la armadura del rey, pero poseía la valentía para pelear.

«Dios me ha ayudado a luchar contra leones y osos» dijo. «Dios me ayudará ahora».

David tomó cinco piedras lisas de un arroyo y enfrentó al gigante. Puso una piedra en su honda y la revoleó sobre su cabeza. La piedra golpeó a Goliat en la frente y lo mató; ¡y el ejército de los filisteos escapó a todo correr! ¡El ejército del rey Saúl aplaudía!

Dios los había ayudado a ganar la batalla.

La canción del pastor

Imagina que eres un corderito, jugando en un gran campo.

Dios es como el pastor cariñoso que te cuida.

Dios se asegura de que tengas todo lo que necesitas.

Él encuentra pastos verdes donde puedes descansar.

Te conduce hasta arroyos tranquilos donde puedes beber.

Te lleva por caminos seguros.

Aunque el sendero esté lleno de piedras,

sea resbaladizo y estés en peligro, Dios

te ayudará a llegar a un lugar seguro.

No debes tener miedo.

El amor y la bondad de Dios siempre van a estar

contigo, todos los días de tu vida.

Siempre estarás con Dios, y Dios siempre estará contigo.

El regalo especial de Salomón

David reinó después de Saúl y cuando David murió, su hijo Salomón fue el rey.

Una noche Dios visitó a Salomón en un sueño y le preguntó qué regalo especial quisiera.

«Ya nos has mostrado gran amor a mi padre David y a mí», dijo Salomón.

«Todo lo que necesito es la sabiduría para elegir entre lo que está bien y lo que está mal cuando gobierno a tu pueblo».

Dios estaba alegre con Salomón. Por eso le dio la sabiduría que le pedía, pero también le dio gran riqueza e hizo que su pueblo lo amara.

Un día dos mujeres se presentaron ante Salomón para pedirle que actuara como juez.

Ambas habían tenido un hijo en la misma casa.
Durante la noche, uno de los niños había muerto. Su madre
robó al bebé que estaba vivo y dejó al niño muerto en los
brazos de la otra mujer. A la mañana siguiente la mujer se
dio cuenta de que le habían robado a su bebé, pero la otra
mujer seguía diciendo que el bebé con vida era su hijo.

Salomón supo cómo descubrir cuál era la verdadera
madre. Ordenó que partieran al bebé por la mitad y le
dieran una mitad a cada una de las madres.

«¡No!» dijo la madre verdadera, «dele el bebé a ella,
pero no lo mate».

Así Salomón supo que esa era la verdadera madre,
porque amaba demasiado a su hijo como para permitir que lo
mataran.

Todo el pueblo de Dios escuchó acerca del sabio juicio
de Salomón, y vio cómo Dios lo había bendecido.

Dios cuida a Elías

En la tierra de Israel, los ríos y la tierra estaban secos. No había nada para comer ni para beber. Hacía mucho tiempo que no llovía.

Pero Elías sabía que Dios lo cuidaba.

Dios le dijo a Elías dónde podía encontrar un arroyo para beber agua. Dios le dijo a los cuervos que le llevaran comida. Luego, el arroyo se secó.

Pero Elías sabía que Dios lo cuidaba.

Dios le dijo a Elías dónde encontrar una mujer que compartiría su comida con él. La mujer usó su último tazón de harina y la última gota de aceite que tenía para hacer el pan que compartió con su hijo y con Elías.

Cuando la mujer volvió a mirar, ¡el tazón estaba lleno de harina y la jarra estaba llena de aceite! Porque siempre que compartiera lo que tuviera, Dios se encargaría de que ni ella, ni su hijo, ni Elías, pasaran hambre.

La pequeña sirvienta

Naamán era un soldado valiente. Pero tenía una horrible enfermedad en la piel. Nadie quería acercarse a él por miedo a contagiarse.

Su esposa tenía como sirvienta a una niña israelita. A ella le agradaba su señor y quería ayudarlo.

«Si fuera a ver al profeta Eliseo...» le dijo a su señora, «Dios podría mejorar a Naamán».

Entonces Naamán fue a Israel a buscar a Eliseo.

Cuando Naamán llegó, Eliseo ya sabía por qué había ido y envió a un sirviente con un mensaje. Naamán debía ir al río Jordán y lavarse siete veces en él.

Al principio, Naamán se enojó. ¿Por qué no venía Eliseo en persona y lo curaba? Pero uno de sus sirvientes lo animó para que fuera al río Jordán.

Entonces, Naamán fue al río Jordán y se lavó siete veces. Cuando salió del agua, ¡su piel estaba curada!

¡Naamán estaba sorprendido!

«Ahora lo sé» dijo, «aquí en Israel está el único Dios verdadero de todo el mundo».

El único Dios verdadero

Hacía mucho tiempo que Daniel y sus amigos Sadrac, Mesac y Abednego vivían en Babilonia. Los habían sacado de sus casas y los habían llevado lejos de sus familias para hacerlos trabajar para el rey Nabuconodosor.

Un día el rey decidió hacer una enorme estatua de oro. Invitó a todas las personas importantes del reino para que fueran a verla. Entonces, dio la orden de que todos debían inclinarse y adorar a la estatua cuando escucharan sonar la música. Cualquiera que se negara a hacerlo sería arrojado a un horno ardiente.

Cuando la música comenzó a sonar, todos se inclinaron y adoraron a la estatua. Todos excepto Sadrac, Mesac y Abednego.

Los tres fueron llevados ante la presencia del enojado rey.

«¡Tienen otra oportunidad!», les dijo. «Adoren a mi estatua o morirán».

«Tal vez muramos, rey Nabuconodosor» respondieron, «o tal vez nuestro Dios nos salve. Pero no podemos adorar a ningún Dios que no sea él».

El rey estaba tan furioso que ordenó que calentaran el horno siete veces más, y arrojaran en él a los tres hombres con las manos atadas. Pero cuando el rey miró adentro del horno se sorprendió, porque en lugar de tres hombres vio a cuatro, que caminaban libres, y uno de ellos parecía un ángel. El rey les ordenó salir. Y vio que no tenían quemadura alguna. ¡Se dio cuenta de que ni siquiera olían a humo! Entonces supo qué grande era su Dios.

Les dio a los tres hombres los mejores trabajos del reino.

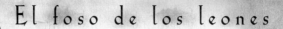

El foso de los leones

Daniel amaba a Dios y sabía que siempre tenía que trabajar mucho y ser honesto. Por eso, el rey Darío de Babilonia le dio un empleo muy importante en su corte. Eso hizo que algunos cortesanos se pusieran celosos. Y entonces fueron a ver al rey para pedirle que dictara una nueva ley. Solo se podría adorar al rey, y quien no cumpliera esa ley, ¡sería arrojado al foso de los leones!

El rey pensó que esa era una buena ley y la aprobó.

Pero Daniel sabía que solo debía adorar al único Dios verdadero. Entonces, lo adoró como siempre había hecho; y los cortesanos le contaron eso al rey.

Daniel fue llevado hasta el foso de los leones, y lo arrojaron dentro.

Y esa noche, el rey no pudo dormir.

A la mañana siguiente, el rey Darío fue hasta el foso de los leones. No podía creer lo que oía cuando escuchó la voz de Daniel.

«Aquí estoy, mi rey» dijo. «¡Dios envió a un ángel para que cerrara las bocas de los leones!».

Entonces el rey Darío dictó una nueva ley.

«El Dios de Daniel es un gran Dios» dijo. «De ahora en adelante, todos deben adorar al Dios de Daniel».

Jonás se escapa

Jonás amaba a Dios y escuchaba lo que Él decía. Pero un día, Dios le pidió a Jonás que fuera a ver a la gente de Nínive.

«Diles que están haciendo cosas muy malas» dijo Dios.

«Diles que si no las hacen más y que si lamentan haberlas hecho, los perdonaré».

¡Jonás no quería hacerlo! En lugar de hacer lo que Dios le pedía se subió a un barco que iba en otra dirección y... ¡escapó!

Pronto se desató una gran tormenta. El viento soplaba
y las olas azotaban la cubierta, todos temían ahogarse.

Muy pronto, Jonás entendió que él era el culpable
de la tormenta. «Arrójenme al mar», les dijo, «y entonces
estarán a salvo».

Los marineros no querían lastimar a Jonás, pero tenían mucho miedo y lo tiraron al mar.

El viento cesó y las olas dejaron de azotar la embarcación y Dios envió un gran pez que se tragó a Jonás.

Jonás se sentó y pensó dentro del cuerpo del gran pez durante tres días y tres noches. Entonces oró a Dios.

«¡Lo lamento!» le dijo a Dios. «Haré lo que me pides».

El pez nadó hasta la orilla y escupió a Jonás en la arena.

«Ve a Nínive» dijo Dios. Y esta vez, Jonás fue.

Jonás le dijo a la gente de Nínive que Dios quería que dejaran de hacer cosas malas. Y la gente lo escuchó y lamentó haberlas hecho.

Y porque los amaba, Dios estaba feliz y los perdonó.

Un bebé nacido en Belén

María iba a tener un bebé. Un ángel le había dicho que sería un bebé muy especial y que debía llamarse Jesús.

Cuando faltaba muy poco para que naciera el bebé, María y José tuvieron que ir a Belén por un censo que hacían lo soldados romanos. Había tantas personas ahí que el único lugar que tenían para dormir era un establo. Cuando el bebé de María nació, lo envolvió y lo acostó en un pesebre.

¡Pronto llegaron los pastores y los encontraron! ¡Ángeles habían aparecido en el cielo de la noche y les habían dicho que el hijo de Dios había nacido!

Sabían que habían encontrado al bebé correcto, porque allí estaba, ¡dormido en un pesebre!

Regalos para el rey bebé

Cuando nació Jesús apareció una estrella nueva en el cielo. Unos sabios de oriente vieron la estrella. Sabían que significaba que un rey bebé había nacido.

Los sabios se pusieron en camino para encontrarlo siguiendo a la estrella. Cuando llegaron a Jerusalén le preguntaron al rey Herodes si allí había un rey bebé.

¡El rey Herodes se enojó! ¡Él era el único rey de la nación! Pero envió a los sabios a Belén para ver si ellos podían encontrarlo allí.

Los sabios siguieron a la estrella hasta una casita.

En ella encontraron a María con su pequeño hijo, Jesús.

Los sabios le dieron de regalo oro, incienso y mirra. Luego regresaron a sus tierras.

Juan bautiza a Jesús

Cuando María estaba esperando al bebé Jesús, su prima Elisabet también estaba esperando un bebé. Cuando nació el bebé de Elisabet lo llamaron Juan.

Juan y Jesús crecieron y se convirtieron en hombres. Juan creció escuchando lo que Dios le decía. Sabía que Jesús tendría el poder de Dios para ayudar a que la gente conociera mejor a Dios.

Juan bautizaba a las personas que acudían a él y que lamentaban los malos actos que habían cometido. Un día Jesús se presentó en el río Jordán y le pidió que lo bautizara.

«¡No puedo bautizarte!» le dijo Juan. «No soy lo suficientemente importante».

Pero Jesús le dijo que eso era lo que Dios quería que hiciera. Entonces, Juan bautizó a Jesús en el río.

Dios estaba complacido con Jesús. Las personas que estaban mirando escucharon la voz de Dios y vieron venir al

Espíritu Santo a darle el poder que
necesitaba para trabajar para Dios, su
Padre.

Jesús encuentra amigos especiales

Jesús comenzó a enseñar las cosas de Dios, su Padre, cerca del mar de Galilea.

Quería encontrar algunos amigos para que viajaran con él. Entonces, eligió doce hombres que estaban a su alrededor.

Eligió a dos hermanos que trabajaban mucho pescando con su bote. Otros dos estaban arreglando sus redes de pescar.

«¡Pedro! ¡Andrés!», llamó Jesús. «¡Santiago y Juan! ¡Dejen su pesca y vengan conmigo! ¡Vengan a aprender más cosas de Dios!».

Los cuatro pescadores dejaron todo. Sabían que Jesús era especial y querían seguirlo.

Jesús eligió a Mateo, quien recolectaba dinero de impuestos para los soldados romanos. Algunos no querían a los recaudadores de impuestos, pero Jesús dijo que cualquiera que quisiera podría ser su amigo.

Eligió a Felipe y a Bartolomé, a Tomás y a Santiago, a

Simón y a otros dos hombres que se llamaban Judas. Todos estos fueron sus amigos especiales, lo escuchaban enseñar, y estaban con él cuando se ocupaba de todas las personas que le pedían ayuda.

La bendición de Dios

Dios bendice a aquellos que lo aman con todo su corazón.

Ellos le pertenecen.

Dios bendice a aquellos que están muy tristes.

Él los rodeará con sus brazos.

Dios bendice a aquellos que no presumen ante los demás.

Él les dará toda la tierra.

Dios bendice a aquellos que tratan de hacer lo que él dice.

Él les dará todo lo que puedan desear.

Dios bendice a aquellos que son bondadosos con los demás.

Él será bondadoso con ellos.

Dios bendice a aquellos que tienen buenos pensamientos
para los otros,

¡Ellos verán a Dios!

Dios bendice aquellos que hacen que las personas se reconcilien.

Serán llamados sus hijos.

La oración que Jesús
enseñó a sus amigos

Padre nuestro que estás en el cielo,
    tu nombre es santo.
Venga tu reino,
        hágase tu voluntad en
        la tierra como en el cielo.
Danos hoy el alimento que
        necesitamos,
        y perdónanos cuando
        hacemos cosas malas,
        como también nosotros
        perdonamos a aquellos
        que no son buenos con nosotros.
Ayúdanos a no pensar o hacer cosas
        que hieran a otras personas,
pero siempre mantennos a salvo
        y cerca de ti.

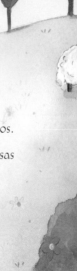

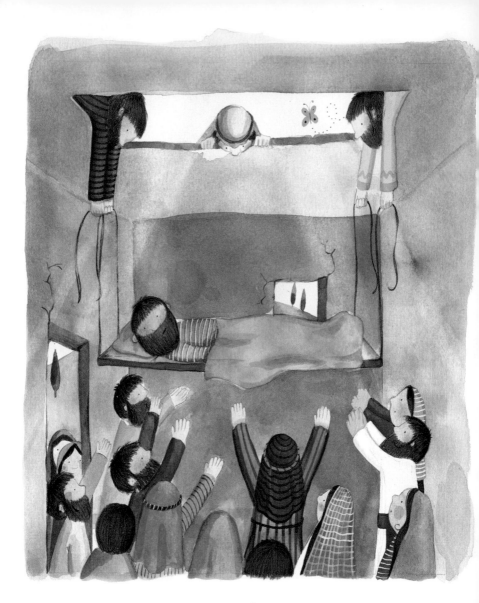

El agujero en el techo

Había una vez un hombre que no podía caminar. Cuando sus amigos escucharon que Jesús estaba en la ciudad lo llevaron en su camilla para que lo viera. Pensaban que Jesús podría ayudarlo.

¡Pero todos querían ver a Jesús! Cuando llegaron a la casa adonde estaba Jesús, había tanta gente que no podían llegar hasta la puerta.

Con mucho cuidado subieron al hombre por una escalera que había afuera, y comenzaron a hacer un agujero en el techo. Cuando el agujero fue lo suficientemente grande, bajaron a su amigo justo frente a Jesús y la multitud ahí agolpada.

Jesús vio que los amigos se preocupaban mucho por el hombre de la camilla. Vio cuánto deseaban que el hombre volviera a caminar.

«Levántate, toma tu camilla y vete a tu casa», dijo Jesús.

El hombre se paró, tomó su camilla y se fue caminando a su casa.

Todos estaban sorprendidos, ¡y sus amigos no podían estar más felices!

La tormenta en el lago

Día a día, Jesús enseñaba que Dios los amaba mucho a todos. Les mostraba cómo amar a las otras personas.

Después de un día agotador Jesús salió a navegar con sus amigos por el mar de Galilea. Tan pronto como apoyó la cabeza en un almohadón se quedó dormido.

De pronto, el viento comenzó a soplar con más fuerza y los relámpagos relucían en el cielo. Los amigos de Jesús escucharon los rugidos de los truenos, y la barca comenzó a balancearse hacia adelante y atrás de manera peligrosa.

«¡Ayúdanos, Jesús!» gritaron. Pero Jesús seguía durmiendo.

«¡Ayúdanos o nos ahogaremos!», volvieron a gritar.

Esta vez, Jesús se despertó y les dijo al viento y a las olas:

«¡Haya paz! ¡Aquiétense!». Y el viento disminuyó y las olas se aquietaron.

Los amigos de Jesús estaban sorprendidos. Jesús había calmado a la tormenta.

Jesús sana a una niña

Un día uno de los jefes de la sinagoga llamado Jairo se acercó a Jesús mientras caminaba por la calle. Cayó de rodillas y le rogó a Jesús que lo ayudara.

«¡Por favor, ven a mi casa!», le dijo, «mi única hija está muy enferma».

La hija de Jairo tenía doce años. Pero mientras Jesús trataba de llegar a la casa de Jairo, la gente se empujaba contra él. Otras personas también querían su ayuda.

Entonces, una persona de la casa de Jairo corrió hasta donde estaban y le dijo:

«Es demasiado tarde, ¡tu hija ha muerto!».

«No te preocupes» le dijo Jesús a Jairo. «Confía en mí, y tu pequeña hija será sanada».

Jesús entró a la casa con tres de sus amigos. Tomó a la niña de la mano y le dijo: «Levántate niñita».

La niña se sentó, ¡estaba viva!

«Ahora, denle algo para comer», dijo Jesús.

Jesús la había resucitado.

Pan y pescados

Dondequiera que Jesús fuera lo seguían multitudes.

Un día en que la gente lo había seguido hasta afuera de la ciudad, Jesús se dio cuenta de que todos tenían hambre. Le preguntó a su amigo Felipe cómo podrían hacer para alimentarlos.

«¿A todas estas personas?» preguntó Felipe. «No tenemos suficiente dinero para comprar comida para todos los que están aquí».

Pero entonces Andrés se acercó a Jesús.

«Este muchachito tiene cinco pancitos y dos pescaditos», dijo. «Dice que los quiere compartir con Jesús».

Jesús sonrió. Les dijo a sus amigos que hicieran que toda la gente se sentara. Había más de cinco mil personas entre hombres, mujeres y niños.

Jesús tomó el pan y los pescaditos del muchachito. Le pidió a Dios que los bendijera, y luego compartió la comida con sus amigos. Sus amigos compartieron la comida con todas las personas que estaban sentadas, y la compartieron entre ellos.

Todos se sentaron y comieron hasta que se saciaron.

Luego los amigos de Jesús recogieron lo que había quedado en doce canastas.

¡Era un milagro! Todas esas personas habían tenido suficiente para comer y aun había sobrado comida.

Un verdadero amigo

Jesús contó esta historia para que las personas supieran como podían hacer feliz a Dios.

«Había una vez un hombre que iba caminando de Jerusalén a Jericó. Lo asaltaron los ladrones y lo dejaron lastimado al costado de un camino.

»Un sacerdote venía caminado por el mismo camino y vio al hombre herido, pero lo ignoró. Se cruzó al otro lado del camino.

»Detrás venía un levita, se detuvo y miró al hombre herido, pero se fue caminando sin ayudarlo.

»Por fin, un extranjero samaritano se acercó. Se detuvo y vendó las heridas del hombre. Lo montó en su burro, lo llevó a una posada y le dio dinero al posadero para que lo cuidara.

«Si quieren hacer feliz a Dios, cuiden a las otras personas igual que lo hizo el samaritano», dijo Jesús.

La historia de la oveja perdida

Una vez Jesús contó esta historia:

«Había una vez un pastor que tenía cien ovejas. Les había puesto nombre a cada una y sabía muy bien cuál era cada oveja.

»Un día se dio cuenta de que faltaba una oveja. Con rapidez, el pastor se aseguró de que las otras noventa y nueve estuvieran a salvo y salió a buscar a la que había perdido.

»La buscó en zanjones y en arroyos barrosos, la buscó en los arbustos y en los senderos rocosos. El pastor no se daba por vencido.

»Entonces, oyó el sonido de una oveja que lo llamaba. Recogió a la ovejita, la puso sobre sus hombros y la llevó de vuelta a casa. Estaba tan contento de haber encontrado a su ovejita que hizo una fiesta.

«Dios es como ese pastor», dijo Jesús. «No es feliz hasta que todos están a salvo bajo su cuidado».

La historia del padre amoroso

Jesús contó la historia de otro hombre que tenía dos hijos.

«Un día fue a verlo su hijo menor y le dijo que quería irse de la casa.

» "Padre, dame la parte de la herencia que recibiré el día que mueras. Quiero viajar y conocer el mundo".

»El padre amaba mucho a su hijo y le daba pena que quisiera irse. Pero le dio el dinero, y el hijo se fue de la casa.

»Viajó hasta muy lejos y se divirtió mucho. Hizo muchos amigos que le ayudaron a gastar su dinero. Pero después de un tiempo se le acabó. Cuando ya no le quedó nada, también sus amigos lo abandonaron. Estaba triste y solo, ¡y también tenía hambre! Necesitaba conseguir un trabajo, y el único trabajo que pudo conseguir fue el de alimentar cerdos, y a él no le gustaban demasiado los cerdos.

»No pasó mucho tiempo hasta que se dio cuenta de lo tonto que había sido. Hasta los sirvientes de la granja de su padre comían mejor que él.

»*Iré a casa, pensó. Le diré a papá que lo lamento mucho, y le preguntaré si puedo trabajar como sirviente en su casa.*

»Entonces comenzó el viaje de regreso. Estaba cansado y sucio y sus ropas estaban en muy mal estado. Pero cuando se estaba acercando a la granja de su padre vio a un hombre parado que estaba mirando y esperando. Cuando se acercó, reconoció a su padre.

»Había estado esperándolo, deseando que volviera a casa.

»Cuando comenzó a decir cuánto lo sentía, su padre lo abrazó con lágrimas en los ojos.

»"Estás en casa, y eso es todo lo que importa", dijo su padre. Les dijo a los sirvientes que le trajeran ropa nueva y le puso un anillo en el dedo. Su hijo había estado perdido, pero ahora lo había vuelto a encontrar. ¡Tenían que hacer una fiesta para celebrarlo!

«Dios es como ese padre», dijo Jesús. «Él observa y espera a que digamos que lo sentimos cuando hacemos cosas que están mal y está preparado a perdonarnos cuando regresamos a él».

El hombre que dio las gracias

En los tiempos de Jesús muchas personas sufrían una horrible enfermedad llamada lepra.

Aunque estaban muy enfermos la gente les tenía mucho miedo porque pensaban que podían contagiarse esa enfermedad. Por eso, las personas con lepra vivían fuera de los pueblos. La gente les arrojaba piedras si llegaban a acercarse.

Un día, cuando Jesús estaba por llegar a un pueblo vio que diez personas con lepra estaban esperándolo. Lo llamaron y le pidieron que los ayudara. Jesús vio cuánto necesitaban que los sanara.

Entonces, les dijo que podían irse y vivir una vida normal otra vez: ¡los había sanado!

Uno de esos diez hombres, que venía de Samaria, estaba tan feliz que se acercó a Jesús, cayó de rodillas y le agradeció.

Jesús fue bondadoso con el samaritano, pero también estaba triste.

Los otros nueve se habían ido, y solo uno había regresado a agradecerle.

El hombre que no podía ver

Bartimeo era ciego. Como no podía ver, no podía trabajar. Y como no podía trabajar, no podía comer. Por eso se sentaba al costado del camino a pedir limosna, con la esperanza de que la gente que pasaba por allí fuera bondadosa con él.

Un día, Bartimeo escuchó que una multitud de personas se acercaba. Se dio cuenta de que alguien especial estaba con ellos.

Entonces escuchó que decían que estaba Jesús.

Sabía que Jesús quería a las personas. También sabía que sanaba a las personas ciegas como él.

«¡Jesús, ayúdame!» gritó. La gente a su alrededor le dijo que hiciera silencio, que Jesús estaba ocupado. Pero Bartimeo, gritó aun más fuerte.

«¡Jesús! ¡Por favor, ayúdame!».

Jesús se detuvo y le pidió a Bartimeo que se acercara.

«¿En qué puedo ayudarte?», le preguntó Jesús.

«¡Quiero ver!» dijo.

Entonces Jesús le dijo que porque había creído podría ver. Y a partir de ese momento Bartimeo pudo ver.

Estaba tan feliz que siguió a Jesús con el resto de la gente.

Un hombre muy pequeño

En Jericó vivía un hombre llamado Zaqueo. Era un hombre rico, pero estaba muy solo. No tenía amigos, porque estafaba a las personas al cobrarles dinero de más al recolectar los impuestos.

Un día, Jesús fue a la ciudad de Jericó adonde vivía Zaqueo.

Este quería ver a Jesús, pero… ¡Zaqueo no era un hombre muy alto!

¡Entonces trepó a un árbol para poder verlo!

Cuando Jesús llegó hasta el árbol, miró hacia arriba y dijo:

«¡Baja Zaqueo, quiero hacerte una visita!».

Zaqueo bajó del árbol emocionado.

«¡Eres bienvenido a mi casa, Jesús!», gritó.

Después de estar un corto tiempo con Jesús, Zaqueo era un hombre diferente.

«¡Ahora mismo voy a entregar a los pobres la mitad de todo lo que tengo! Y si a alguno he estafado, le devolveré cuatro veces más lo que le quité».

Jesús le sonrió a Zaqueo.

«Hoy te has hecho amigo de
Dios», le dijo.

Jesús monta en una burra

Había llegado el momento en que por última vez, Jesús tenía que partir a Jerusalén para la fiesta de Pascua.

Jesús mandó a dos de sus amigos a un pueblo adonde sabía que una burra y su burrito lo esperaban. Sus amigos trajeron a los animales y acomodaron mantas sobre sus lomos para que Jesús pudiera entrar a Jerusalén montado en la burra.

La gente lo esperaba para verlo pasar. Una multitud iba detrás, y otra encabezaba la marcha. Había mucha gente que tendía sus mantos sobre el camino; otros cortaban ramas de los árboles y las esparcían en el camino. Lo saludaban con ramas de árboles y lo aclamaban:

«¡Aquí viene Jesús! ¡Viva Jesús el rey!».

Jerusalén estaba llena de gente. Se daban vuelta y miraban a Jesús montado en una burra.

La mujer que dio todo

Jesús y sus amigos estaban en el templo mientras personas de todo tipo iban a hacer sus ofrendas de dinero a Dios.

Muchos iban y contaban monedas de oro reluciente. Eran personas muy ricas.

Pero Jesús observó cómo una pobre mujer daba dos moneditas de cobre. No era mucho dinero, pero era todo lo que tenía.

«¿Vieron a esa pobre mujer?», les preguntó Jesús a sus amigos. «De todos los que dieron ofrendas, fue la que le dio a Dios la ofrenda más grande. Los otros dieron mucho, pero se guardaron mucho para ellos. Pero ella le dio a Dios todo lo que tenía. Dios cuidará de ella».

Ámense los unos a los otros

Cuando llegó la hora de la cena de Pascua, Jesús fue con sus amigos a la habitación de arriba de una casa en Jerusalén.

Jesús tomó una toalla y una palangana con agua. Sus pies estaban calientes y llenos de polvo y tenían que lavárselos antes de comer.

Pero Pedro no quería que Jesús le lavara los pies. Jesús era su amigo, no su sirviente.

Entonces Jesús les explicó. Cuando las personas se aman hacen cualquier cosa por los otros. Jesús estaba feliz de lavar sus pies, porque amaba a sus amigos. Quería que se amaran entre ellos y que se demostraran su cariño de cualquier manera que pudieran.

Después, Jesús les dijo que esa sería su última cena con ellos antes de su muerte.

Los soldados en el huerto

Judas había estado durante la cena de Pascua con Jesús. Pero
Judas ya no era amigo de Jesús. Salió a escondidas de la
habitación y lo traicionó con sus enemigos.

Jesús y los otros bajaron a la luz de la luna, al monte de los
Olivos. Aquí llamó a Pedro, a Santiago y a Juan y les pidió
que vigilaran mientras él oraba. Pero cada vez que volvía, los
encontraba dormidos.

Jesús le pidió a Dios que lo ayudara. Sabía que pronto sus
amigos lo abandonarían y debería enfrentar a sus enemigos solo.

Entonces, en medio de la oscuridad se vieron las llamas de
las antorchas y se escuchó un ruido de espadas. Judas condujo
a los soldados hasta Jesús, y lo arrestaron. Los otros
once amigos se asustaron y se escaparon y dejaron a
Jesús solo con los soldados.

Jesús muere en la cruz

Esa noche Pedro observó desde lejos cómo llevaban a Jesús de un lugar a otro, y cómo sus enemigos trataban de encontrar alguna causa para acusarlo.

Al día siguiente lo hicieron cargar un enorme pedazo de madera hasta un lugar afuera de la muralla de la ciudad y lo crucificaron junto a dos criminales.

Juan miraba y esperaba junto con María, la madre de Jesús, y muchos de sus amigos. Después de muchas horas, el cielo se puso negro, y antes de morir, Jesús gritó: «Todo se ha cumplido».

Entonces, vino uno de los amigos de Jesús, un hombre llamado José. Lo bajó de la cruz y puso su cuerpo en un sepulcro que había comprado para cuando él muriera.

Pusieron una enorme piedra cerrando la entrada del sepulcro.

María llora por Jesús

El domingo a la mañana, María y otras dos mujeres fueron con especias al lugar a donde su amigo Jesús había sido sepultado.

Pero ¿qué había pasado? ¡La enorme piedra redonda había sido retirada! ¡El sepulcro estaba vacío!

María corrió a buscar a Juan y a Pedro. Fueron y vieron por sí mismos y se dieron cuenta de lo que había pasado. Pero dejaron a María llorando.

Entonces María vio dos ángeles.

«¿Por qué estás llorando?», le preguntaron.

«Alguien se ha llevado el cuerpo de Jesús», sollozó ella.

Pero entonces escuchó que alguien más decía su nombre. Ella conocía esa voz. María se dio vuelta. ¡Era Jesús!

«Ve y dile a mis amigos que estoy vivo», dijo Jesús.

«¡He visto a Jesús!», dijo llena de alegría. «¡Está vivo!».

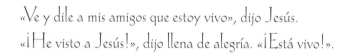

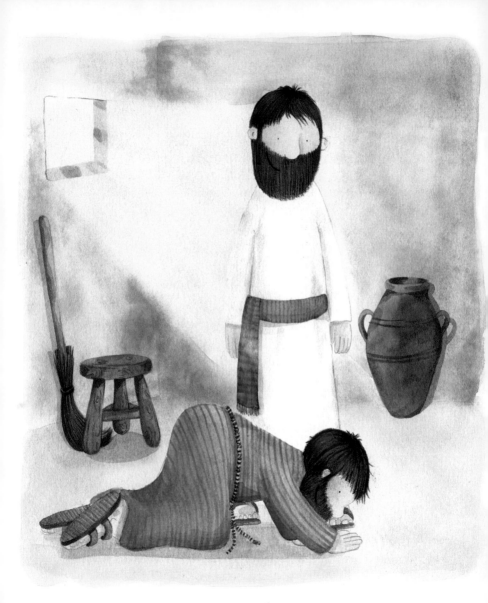

¡Jesús está vivo!

Tomás tenía un hermano mellizo. ¡Sabía lo fácil que era confundir a una persona con otra!

María y todos sus amigos decían que Jesús estaba vivo. Pero Tomás no lo había visto desde que había muerto en la cruz. No podía estar seguro.

Una semana después, todos los amigos de Jesús estaban reunidos en una habitación cerrada.

¡Entonces apareció Jesús! Él se dirigió a Tomás.

«Ven, Tomás», le dijo. «Toca mis manos. Ven y ve que soy Jesús y estoy vivo. No estoy muerto».

Entonces Tomás supo que en verdad era Jesús, y que estaba vivo y bien otra vez. ¡No lo entendía, pero creía!

Tomás cayó de rodillas.

«¡Mi Señor y mi Dios!» dijo.

Desayuno en el lago

Cientos de personas vieron a Jesús después de que resucitó de entre los muertos.

Se encontró con sus amigos muchas veces, pero ellos nunca sabían cuándo ni dónde lo verían.

Una noche algunos de estos amigos fueron a pescar.

Permanecieron afuera toda la noche, pero a la mañana aún no habían pescado nada.

Al amanecer regresaron a la orilla, y escucharon a un hombre que les gritaba:

«¿Pescaron algo?».

«Ni un solo pescado» contestaron.

«Traten de tirar las redes del lado derecho del bote», dijo el hombre.

Cuando lo hicieron se sorprendieron. ¡La red estaba llena de pescados! Entonces Pedro se dio cuenta quién era ese hombre. ¡Era Jesús!

Pedro saltó al agua y comenzó a nadar hacia la orilla, mientras los otros retiraban lo que habían atrapado. Jesús estaba cocinando los pescados y calentando pan en una fogata y todos se sentaron y desayunaron con él.

Entonces, Jesús le preguntó a Pedro si lo amaba tanto como para hacer un trabajo especial. Quería que Pedro les enseñara a otras personas lo que sabía de Jesús y que fuera líder de otros cuando él volviera a estar con su Padre en el cielo.

Jesús envía a su ayudante

Cuarenta días después de que Jesús murió y fue visto otra vez con vida, regresó a estar con Dios. Jesús había prometido que enviaría su Espíritu Santo para que ayudara a sus amigos a servir a Dios y para que les diera el poder que necesitaban para ayudar a las personas. Les había prometido que nunca volvería a irse.

El Espíritu Santo llegó cuando los amigos estaban reunidos en Jerusalén para celebrar la fiesta de Pentecostés. Oyeron un sonido parecido al del viento. Vieron algo parecido a llamas de fuego. Pero en vez de tener miedo de pronto supieron que serían capaces de hacer cualquier cosa que Dios quisiera que hicieran. Sabían que Dios estaba ahí para ayudarlos.

Pedro habla de Jesús

Cuando llegó el Espíritu Santo los amigos de Jesús comenzaron a contarle a la gente todo lo que sabían de él. El Espíritu Santo les dio el poder de hablar en diferentes idiomas, para que todos pudieran entender lo que decían.

Muy pronto Pedro se dio cuenta de que muchas personas lo escuchaban. Les explicó como él, Pedro el pescador, había cambiado porque el Espíritu Santo había llegado. Y les dijo que ellos también necesitaban mucho la ayuda de Dios.

«Si le dicen a Dios que lamentan las cosas malas que hicieron», dijo Pedro, «y confían en Jesús, que murió y volvió a vivir, pueden ser amigos de Dios».

Más de tres mil personas se convirtieron ese día en amigos de Jesús. Compartieron todo lo que tenían y aprendieron a cuidarse los unos a los otros como Jesús les había enseñado.

El hombre en el portal

Un día Pedro y Juan fueron a
orar al templo.

En la puerta encontraron
a un paralítico.

Todos los días lo llevaban
ahí para que se sentara y
pidiera limosnas a las personas que
iban al templo.

Cuando vio a los dos amigos, les pidió dinero.

Pero Pedro se dio vuelta y le dijo:

«No puedo darte dinero porque no tengo. Pero
Jesús me ha dado el poder para darte algo mucho
mejor. ¡Levántate y camina!».

Pedro lo tomó de la mano; y el hombre se paró y
caminó, y después saltó y corrió para contarles a todos
lo grande que era Dios, que lo había sanado.

La muerte de Esteban

Pronto muchas personas quisieron saber sobre Jesús. Algunos de ellos se convirtieron en sus seguidores y fueron conocidos como cristianos.

Pero los nuevos cristianos tenían enemigos, igual que los había tenido Jesús.

Esteban era uno de sus seguidores. Enseñaba todas las cosas maravillosas que Jesús había dicho y hecho y al igual que Pedro, tenía el poder de Jesús para ayudar a las personas y sanarlas.

Pero lo detuvieron en las afueras de la ciudad y lo mataron por tratar de enseñar las cosas de Jesús.

Saulo era uno de los enemigos. Respaldando esto, observó lo que ocurrió, contento, creyendo que cualquiera que se llamara cristiano debía morir. Más tarde comenzó a buscar a aquellos que seguían las enseñanzas de Jesús y los llevaba a la cárcel.

La luz cegadora

Saulo decidió ir a Damasco, en busca de cristianos, para encarcelarlos.

Cuando casi estaba llegando se vio envuelto en una luz cegadora. Cayó sobre sus rodillas y escuchó una voz:

— Saulo, Saulo —dijo la voz—. ¿Por qué me persigues?

—¿Quién eres, Señor? —preguntó Saulo.

—Soy Jesús —respondió—. Tengo un trabajo para ti. Ve a la cuidad, y alguien vendrá y te dirá qué es.

Saulo estaba sorprendido. Había oído la voz de Jesús.

Los amigos de Saulo estaban sorprendidos: ¡Habían oído un sonido y no sabían de dónde venía!

Pero Saulo no podía ver y sus amigos tuvieron que llevarlo a Damasco.

Saulo viaja en una canasta

Los tres días siguientes fueron muy raros para Saulo. No podía ver, no podía comer ni beber nada; estaba en un lugar extraño con personas que no conocía.

Pero también eran días extraños para un cristiano que se llamaba Ananías. También a él le había hablado Jesús.

«Ve a la calle llamada Derecha y pregunta por Saulo de Tarso. Le he enviado una visión en la cual tocas sus ojos y recobra la vista».

Ananías había oído acerca de Saulo y ¡le tenía miedo!

Pero Jesús le dijo que tenía planes especiales para Saulo: sería quien llevaría la buena nueva de Jesús a miles de personas que no habían oído hablar de él.

Así fue que Ananías encontró a Saulo y lo tocó.

Enseguida pudo volver a ver. El Espíritu Santo vino a él y fue bautizado.

Entonces, la vida de Saulo cambió por completo. Antes de su encuentro con Jesús, trataba de impedir que los nuevos cristianos compartieran el amor de Jesús con los otros.

¡Ahora era uno de ellos y nadie podía evitar que hablara de Jesús a la gente!

Pero algunos trataron de detenerlo. Los líderes judíos tenían un plan para matarlo.

Para que Saulo pudiera escapar de Jerusalén, sus nuevos amigos tuvieron que sacarlo por una ventana del muro de la ciudad escondido en una canasta.

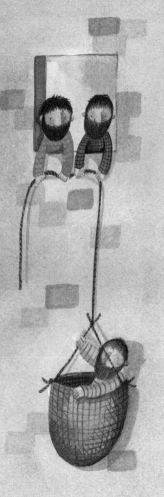

Pedro y el ángel

En los años que siguieron muchas personas llegaron a conocer acerca de Jesús. Pero los seguidores de Jesús vivían en peligro. A Pedro lo llevaron preso. Estaba encadenado a dos soldados para que no pudiera escapar. Sus amigos oraban para que Dios lo mantuviera a salvo.

La noche antes de su juicio un ángel apareció en la celda de la prisión y despertó a Pedro.

«Ponte los zapatos, cúbrete con tu capa y sígueme», le dijo el ángel a Pedro.

¡Pedro apenas podía creer lo que estaba sucediendo! Las cadenas cayeron de sus muñecas, las puertas se abrieron y se cerraron por milagro y él siguió al ángel hasta afuera de la prisión. Fue a la casa de sus amigos, que se sorprendieron y se alegraron mucho de verlo sano y salvo.

Pero Herodes estaba furioso. No podía entender cómo había hecho Pedro para escapar.

134

El Dios desconocido

Pasaron los años y Saulo, que ahora se llamaba Pablo, había viajado a muchos lugares hablando de Jesús.

En Atenas, Pablo se entristeció al ver a tanta gente adorando ídolos sin saber quién era Dios en realidad. Le hablaba a todo aquel que quisiera escucharlo.

«Puedo ver cuánto quieren agradar a Dios», les decía. «Hasta veo que han levantado un altar a un Dios desconocido. Pero puedo decirles que este Dios no está hecho de oro, ni de plata, ni de piedra. Él hizo el mundo y todo lo que hay en él, y nos hizo a nosotros para que lo conociéramos y lo amáramos. Dios quiere que nos arrepintamos de todo el mal que hemos hecho, porque Jesús, que murió y volvió a vivir, vendrá un día a juzgarnos».

Algunos de los que estaban ahí se convirtieron en cristianos ese día, otros discutieron entre ellos.

El naufragio de Pablo

Pablo viajó en barco muchas veces para contarles a los demás acerca de Jesús. Pero hacia el fin de su vida lo llevaron prisionero a Roma.

Cuando estaba en un barco con otras doscientas setenta y seis personas, se desató una terrible tormenta.

Pero un ángel se le apareció a Pablo y le dijo que todos llegarían a salvo a la costa porque Dios quería que él llegara a Roma.

El barco naufragó cerca de la costa de Malta. Algunos nadaron hasta la playa, otros se aferraron a los restos del naufragio, pero todos los que estaban a bordo llegaron a salvo a la orilla. No se perdió ninguno.

Esto sucedió meses antes de que Pablo llegara a Roma y se alojara en una casa, con un soldado vigilándolo, y contara lo que sabía acerca de Jesús.

Amor verdadero

Pablo pasó gran parte del tiempo en Roma escribiendo cartas a los cristianos de todos lados para ayudarlos a vivir de la manera que Dios quería que vivieran.

Pablo les enseñó que debían mostrar a las personas cuánto amaban a Dios, amando a los demás.

«El amor es paciente, es bondadoso. El amor no es envidioso ni jactancioso ni orgulloso.

»No se comporta con rudeza, no es egoísta, no se enoja fácilmente, no guarda rencor.

»El amor no se deleita en la maldad sino que se regocija con la verdad.

»Todo lo disculpa, todo lo cree, todo lo espera, todo lo soporta.

«El amor jamás se extingue».

Ahora hay seguidores de Jesús en todo el mundo.

Las historias se pueden encontrar en la Biblia:

Cuando el mundo comenzó, Génesis 1:1–2:25

La serpiente que habló en susurros, Génesis 3:1–24

El zoológico flotante de Noé, Génesis 6:5–9:17

Abraham se muda, Génesis 12:1–13:18

Un bebé llamado «risa», Génesis 17:15–18:15; 21:1–8

Jacob le hace trampa a su hermano, Génesis 25:27–34; 27:1–45

José, el hijo favorito, Génesis 37:1–36

Una familia muy feliz, Génesis 42:1–46:30

Miriam y la princesa, Éxodo 2:1–10

Moscas, úlceras y langostas, Éxodo 5:1–2; 6:28–12:36

Escape de Egipto, Éxodo 14:5–30

Diez reglas para la vida, Éxodo 20:1–17

Las murallas de Jericó, Josué 5:13–6:20

La oración de Gedeón, Jueces 7:1–22

El muchacho que escuchó a Dios, 1 Samuel 3:1–21

David lucha contra un gigante, 1 Samuel 17:1–54

La canción del pastor, Salmos 23

El regalo especial de Salomón, 1 Reyes 3:1–28

Dios cuida a Elías, 1 Reyes 17:1–16

La pequeña sirvienta, 2 Reyes 5:1–15

El único Dios verdadero, Daniel 3:1–30

El foso de los leones, Daniel 6:1–28

Jonás se escapa, Jonás 1:1–4:11

Un bebé nacido en Belén, Lucas 2:1–20

Regalos para el rey bebé, Mateo 2:1–12

Juan bautiza a Jesús, Mateo 3:13–17

Jesús encuentra amigos especiales, Mateo 4:18–22

La bendición de Dios, Mateo 5:1–12

La oración que Jesús enseñó a sus amigos, Mateo 6:9–13

El agujero en el techo, Marcos 2:1–12

La tormenta en el lago, Marcos 4:35—41;
    Lucas 8.22—25

Jesús sana a una niña, Lucas 8:40—56

Pan y pescados, Lucas 9:10—17; Juan 6:1—14

Un verdadero amigo, Lucas 10:25—37

La historia de la oveja perdida, Lucas 15:3—7

La historia del padre amoroso, Lucas 15:11—24

El hombre que dio las gracias, Lucas 17:11—19

El hombre que no podía ver, Marcos 10:46—52

Un hombre muy pequeño, Lucas 19:1—9

Jesús monta en una burra, Mateo 21:1—11

La mujer que dio todo, Marcos 12:41—44

Ámense los unos a los otros, Juan 13:1—30

Los soldados en el huerto, Mateo 26:36—56

Jesús muere en la cruz, Juan 19:17—42

María llora por Jesús, Juan 20:1—18

¡Jesús está vivo! Juan 20:24—28

Desayuno en el lago, Juan 21:1—17

Jesús envía a su ayudante, Hechos 2:1—12

Pedro habla de Jesús, Hechos 2:14—47

El hombre en el portal, Hechos 3:1—10

La muerte de Esteban, Hechos 7:54—8:1

La luz cegadora, Hechos 9:1—9

Saulo viaja en una canasta, Hechos 9:10—25

Pedro y el ángel, Hechos 12:6—19

El Dios desconocido, Hechos 17:16—34

El naufragio de Pablo, Hechos 27:13—44

Amor verdadero, 1 Corintios 13

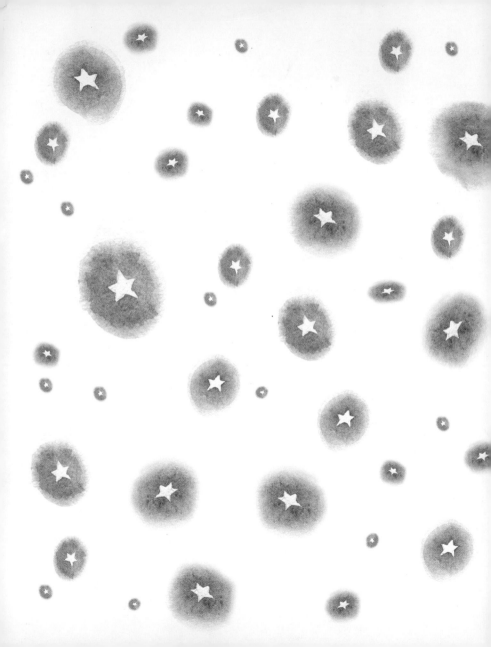